छात्रावास के मुसाफिर

मो. फैजान शाद

क्रम-सूची

क्रम-सूची

स्वीकृति

''छात्रावास के मुसाफिर''

छात्रावास की संपूर्ण घटनाओं को अपने अंदर समेटे हुए है। 'मुसाफिर' शब्द छात्रों के लिए संबोधित किया गया है। लेखक मो0 फैजान ने सम्पूर्ण घटनाओं को खुद जीया है, तब जाकर संस्मरण के रूप में पुस्तक प्रस्तुत की है।

बहुमुखी प्रतिभा के धनी मो0 फैजान, बाँका बिहार से संबंध रखते हैं, संपूर्ण छात्रावास की घटना नेतरहाट विद्यालय संबंधित है। वहाँ के परिवेश की चर्चा बहुत बारिकी से उन्होंने की है।

मे0 फैजान भारतीय संस्कृति के प्रबल समर्थक और मानवता के पुजारी है।

दो शब्द

"तुम दोस्तों के सान्निध्य रहकर मैं जान पाया। कि ये छात्रावास की यात्रा
दिन ढल जाने या विदाई ले लेने से नहीं होती,
तुम्हारे साथ, तुम्हारे प्रेम से परिपूर्ण होती है।"

लेखक परिचय

पुस्तक लिखना मेरे लिए आसान नहीं था। ये मेरी 11वीं की क्लास है, जिसमें मैने साइंस विषय लेते हुए भी, इस पुस्तक को लिखने में अपने योगदान दिए परन्तु उतना कठिन नहीं था।

बखूबी मैंने इस निर्णय को निभाया भी ये पुस्तक आपकी हाथों में देकर। मैंने दसवीं की एक कविता ''छाया मत छूना'' को लेकर ये महसूस किया कि ये पाठ दसवीं में ही क्यों हैंघ् जिस समय मैं दसवीं का विद्यार्थी था मुझे इस कविता पर बिल्कुल भी आभास नहीं थी। किन्तु जब मेरा विद्यालय मुझसे छूटा और मैं खुद में खुद को अकेला महसूस करने लगा, तब मुझे दसवीं के इस पाठ ने खींच लिया, अगर मैं चाहता तो यादों में रहकर खुद को ढ़ाह लेता किन्तु मैंने इन्हीं यादों को भविष्य के लिए संवारा और आपके हाथों में पुस्तक दी।

वैसे तो मैंने इस पुस्तक का कार्य दसवीं बोर्ड के तुरन्त बाद से ही शुरू कर दिया था, किन्तु इसके पूर्ण होने तक दस महीने बीत चुके थे।

असल बात ये है कि मैं बहुत बड़ा लेखक तो नहीं हूँ किन्तु थोड़ा-बहुत जो भी हूँ, उन्हीं में से मैने खुद के बिताए पल को एक पुस्तक में तबदील किया हूँ।

मेरे तमाम मित्रों को बहुत आभार....................

परिचय

पुस्तक-एक परिचय

"अगर आप सफल हो जाते हैं, तो आप अपनी जिंदगी के बिताए हुए हर खूबसूरत पल को बहुत याद कर पाएँगे। किन्तु अगर आप असफल होते हैं तो, आप पुराने दिन को कोसते हुए खुद को पाएँगे।"

बहुत से पहलुओं को मैंने अपने दामन में समेटते हुए अपने छात्रावास जीवन में बिताई हुई कुछ प्रेरणापूर्ण घटनाओं को अपनी डायरी से किताब में परिनत किया है।

"एक नए सवेरे की ओर" से शुरू हुई यह किताब छात्रावास आने के कुछ दुख जो छात्रावास आने वाले हर बच्चे को झेलना पड़ता है से लेकर "स्कूल का अंतिम दिन" के मार्मिक वर्णन से भरी पड़ी है। किताब के पात्रों की बात करूँ तो ये छात्रावास के इर्द-गिर्द के ही हैं। ये पात्र कोई बनावटी नहीं है बल्कि ये छात्रावास के ही समस्त लोग हैं।

छात्रावास में बिताई हुई घटनाओं में से कुछ घटनाओं को लेकर इस किताब का वर्णन किया गया है। ये प्रथम बैच के बच्चों की कहानी है जहाँ से स्कूल की नींव रखी जाती है। छठी से दसवीं तक का सफर तय करने के दरमियान कितने ही पलों के जीने की कहानी है। किताब के नाम से ही मालूम हो गया होगा "छात्रावास के मुसाफिर" अर्थात् वो यात्री जिसने छठी से दसवीं तक का सफर छात्रावास में तय किया। भले ही ये यात्रा 4 वर्ष की ही क्यूँ ना हो, किन्तु इनके दरमियान बहुत कुछ बीता, बहुत कुछ छूटा और बहुत कुछ सीखा। उन्हीं 4 वर्षों की यात्रा को एक संस्मरण के रूप में प्रस्तुत करने जा रहा हूँ।

मैं अपने समस्त विद्यालय परिवार और शिक्षकों का बहुत आभारी हूँ, जिन्होंने मुझे इस किताब के अलग-अलग पहलुओं को जीने में मदद की। जिनके माध्यम से मैं यहाँ तक का सफर तय करने में समर्थ हो पाया।

आकाश सर और अशिका मैम को समर्पित

आकाश सर और अशिका मैम को समर्पित.....
जिनके दिल को दरिया की तरह बहना आता है। जिनके प्रकाशन के सान्निध्य दोस्तों सा कहना आता है। वो जो टाइपिंग करके, किताबों को जीवन देती हैं। उनके बागों में हम कलियों को खिलना आता है।

दो शब्द

"यादों और उत्साह के मिलन को जिंदगी कहते हैं।
छूट जाने पर बहुत सारी यादें हैं
ते वहीं मिलने पर उत्साह ही उत्साह है।"

1

एक नए सवेरे की ओर

बात किताबों या तैयारियों तक होती तो मैं मान लेता, मगर बात थी नेतरहाट निकालना है। अब उसके लिए चाहे जो करना था, मुझे करना ही पड़ा, रात दिन एक, कड़ी मेहनत, असेम्बली लाइन के दौरान भी किताबों को हाथों से ना छोड़ने की ज़िद, माँ-बाप के सपने, हॉस्टल का खौफ, तैयारी के दौरान मार का डर।

वही दही और चूड़ा खाकर अपने सपनों की जंग करने निकल पड़ा था, हाथों में कलम जरूर थे मगर दिल में पैदा डर हमें निराशा की ओर पलायन कर रहे थे। फिर हमारे साथ तो गुड्डू सर और विभाष सर थे, डर कैसा! जैसे ही मेरे पीठ पर सर ने हाथ रखा वैसे अन्दर से मैं परिपूर्ण हो गया। डर मानों जादू की तरह गायब। एक सपना, उम्मीद, छः महीने की तैयारी, रात की अधूरी नींद, और एक कष्टदायी जिंदगी को सुलभ बनाने। अपनी कलम और एडमिट कार्ड लेकर मैं exam paper में युद्ध की भांति प्रत्येक प्रश्न का जवाब देते जा रहा था।

हर्ष के साथ exam hall से निकला तो सही, साथ-साथ प्रश्न मिला भी लिया। जारी परिणामों ने तो दिल की धड़कन इतनी तेज कर दी थी कि साँस अन्दर ही नहीं जा रही थी। अतः एक कुशल परीक्षा का उच्च परिणाम तो होना ही था। अन्ततः परिणाम निकला। मेहनत भी

रंग लाई। नेतरहाट विद्यालय का सपना अब सपना नहीं रह गया था, हकीकत में तब्दील होने वाला था।

"एक सपने को हकीकत में तब्दील होना मेरे लिए एक वास्तविक सपना था, जिसे सचमुच महसूस किया जा सकता था।" ऐसे विद्यालय में शिक्षा ग्रहण करना, हर फॉर्म भरने वाले बच्चे की चाहत होती है। मगर यहाँ मात्र सौ बच्चे ही एक साथ लिये जाते थे।

इन्हीं कल्पनाओं, उत्सुकता, मासूमियत के साथ मेरा नेतरहाट विद्यालय में प्रवेश होता है।

2

मेरे स्कूल के आँगन में

किसी मकसद ने मुझे इतना सवेरे उठा दिया था कि पता ही नहीं चल रहा था कि मैं किसी हॉस्टल को जा रहा था। अन्दर से उत्सुकता तो थी क्योंकि खुशहालपुर से जो निजात मिलने वाला था। लेकिन ख्यालों के सागर में मैं डूबा हुआ अपने नए स्कूल की कल्पना करते-करते कहीं माँ की आँखों के सागर से विशाल कण लेकर जा रहा था। बहुत बार उसकी आँखें ये बता रहीं थी कि वो मुझे भेजना नहीं चाहती मजबूरन वो मुझे भेज रही थी ताकि मैं भविष्य में एक उज्जवल इंसान बन सकूँ। घर वालों के कंद्रित स्वर ने मानों अंदर से तोड़ दिया था। मैं दादी का अक्सर प्यारा रहा हूँ। मेरे जाने की बात सुनकर मेरी हथेली और पेशानी को चूमती रहती थी। आज फूट-फूट कर रो रही थी, कह रही थी अच्छे से रहना। दादा हमेशा की तरह अपनी जेब से 10 रूपये की नोट देकर कह रहे थे, ये दुआएँ तो लेता जा। बैग में भरकर सपने, मुट्ठी में बंद कर हौसले, जेब में रखकर विश्वास, मैं अपनी नई जिंदगी की शुरूआत करने निकल पड़ा था।

हर तरह के सपनों का सामना करते-करते विद्यालय प्रांगण में, मेरे पिता जी की मोटर साइकिल रूकी। एक बार आँख घूमाते हुए चारों तरफ की खड़ी सुन्दर इमारतों को सर-सरी निगाहो से देखकर, विद्यालय की

और प्रस्थान किया।

शुरू-शुरू मे तो ऐसा लग रहा था कि मानों इस विद्यालय के लिए इतनी तैयारी की थी, जो वास्तव में सपने का एक टुकड़ा भी नहीं था। मगर फिर भी रहना तो यहीं था। हेड सर को प्रणाम करते हुए अपने रहने की जगह पूछी और अपना सामान लेकर अपनी जगह चुन कर रहने को तैयार हो गया। मुझे छोड़ कर जा रहे मेरे पिताजी हमें अच्छी सलाह देकर जाने लगे। मेरी आँखों में आँसू थे मगर फिर भी, ये मेरे हॉस्टल का पहला दिन था, अन्दर से बहुत खुशी थी जो पिता के जाने के बाद हमारी आँसू धो रही थी। हर नए-नए दोस्तों से मिलन हो रहा था, कोई हजारीबाग, कोई राँची, कोई कहाँ तो कोई कहाँ से आया था?

3

कष्ट दायी जिंदगी

सुबह आधी नींद में उठा देना, रोज की दिनचर्या के विषय का एक निरस पल था। चण्ज् के लिए लाइन में जाना और ब्रश करना, उससे कहीं ज्यादा आनंदमयी पल।

दिन की शुरूआत ही जहाँ घंटी से होती होगी, वहाँ के क्या कहने, हल्ला-हल्ला और हल्ला जहाँ हमेशा चालू होना, चाहे वो रात के क्रिकेट की गप हो, या रात में देखी मूवी की। किसी मूवी की गप तो कभी-कभार महीने तक चलती रहती थी।

क्लास एक ऐसी जगह थी जहाँ हम सभी अलग-अलग रूम वाले एक साथ पढ़ते थे। मगर हाँ ये जरूर था कि वहाँ रूम का गप भी लाजमी था। क्लास एक माध्यम था सब को एक जगह आंकने का। सब अपनी जिंदगी में कुछ ना कुछ सपने लेकर आए थे, किन्तु उनमें से कुछ ऐसे थे जो हमेशा अपने सपने के अनुरूप जमकर पढ़ाई करते थे और कुछ ऐसे थे जिन्हें मस्ती भी करनी थी।

क्लास में बस खड़े होकर कोई सवाल पूछ दे, सवाल बस कहीं से बेतुकी निकल जाए, तब तो साला पुरी पाली (period) बस मस्ती में गुजर जाती। अक्सर ऐसी घटना केमिस्ट्री या फिजिक्स की क्लास में होती। हमारे यहाँ रोटेशन सिस्टम चलता था, किसी की कोई स्थाई बेंच नहीं थी, हम भी अपनी क्लास में ''पढ़ाई बदोस'' हो गए थे। हफ्ते में एक दिन पहली बेंच पर बैठने का मौका मिलता था, वो भी शनिवार को, शनिवार

''हाफ डे'' रूल तो रूलस होते हैं हॉस्टल में। पूड़ी वहाँ के नाश्ते की एक अच्छी चीज थीं, नाश्ता कभी पूड़ी के बिना नहीं होता था। अब तो नफरत सी हो गई है पूड़ी से।

फुली पूड़ी की आस में घंटो खड़ा रहना पड़ता था, तब कहीं जा कर चार पूड़ी हमारी थाली में विराजमान होंती थीं।

हम वहाँ बड़ी-बड़ी कम्पनियों के मालिक के बेटे तो नहीं थे, किंतु हमारा भी वहाँ डील (deal) चलता था, "एक अंडे, दो केलों में बिक जाते थे। और दो पूड़ी एक केले में।" पूरी के भाव अपेक्षाकृत कम था, क्योंकि वो तेलीय होती थीं जिनसे अधिकतर की तबीयत बिगड़ने का डर बना रहता था।

नाश्ते के बाद हम सब अपनी ड्रेस में आ कर क्लास में प्रवेश करते थे। क्लास से निकलते ही अपनी-अपनी परेशानियों से टीचर्स को अवगत कराते थे। टीचर भी हमारी परेशानियों के निवारण में लगे रहते थे। हमारे शिक्षक हमेशा हमें आगे बढ़ाने की कोशिश में लगे रहते थे। फिर दोपहर के खाने का समय हो जाता था, मेरी आदत थी मैं कक्षा से आकर लगभग सो ही जाता था। किंतु जब मैं जगा रहता था तो खाना खाने जाता था। दोपहर के खाने के दौरान इतनी भगदड़ होती थी, इतने हल्ले होते थे कि शब्दों से कह पाना मुश्किल है।

हॉस्टल की एक मजेदार बात ये थी कि यहाँ सभी को नाम से नहीं बुलाया जाता था। सभी के कुछ ना कुछ निक नेम (Nick name) थे।

निक नेम सुनते-सुनते सब इतने पारंगत हो गए थे कि, किसी को कोई गुस्सा नहीं आता था।

कोई भी किसी से मजाक कर सकता था और जिन्हें मजाक अच्छा नहीं लगता उससे तो और भी ज्यादा, क्योंकि हॉस्टल लाइफ या स्कूल लाइफ में पढ़ाई के साथ-साथ उनन्त मस्तियाँ जाने अनजामें में ही समाविष्ट हो जाया करतीं हैं। सर का डर सब में व्याप्त था किन्तु मज़ाक और मस्तियाँ एक तरफ थीं।

शाम में खेल के वक्त सर भी हम सब के साथ खेलते थे, चाहे क्रिकेट, फुटबॉल कुछ भी हो। मेरी खेल से कुछ खास रूचि नहीं थी लेकिन वॉलीबॉल पर विशेष आकर्षणन था इसलिए मैं वॉलीबॉल खेलता था।

मेरे भी कुछ ऐसे लक्षण थे, जिससे सर और दोस्तों के बीच में भी मज़ाक का पात्र बहुत रहा हूँ। मैंने अनेकों बार गुस्सा भी किया है, किन्तु ये हॉस्टल लाइफ के लिए बहुत कमतर थी।

रात के खाने में खीर जो ''दूधपनिया खीर'' के नाम से छात्र के बीच बहुत प्रसिद्ध थी। उसी खीर की पौष्टिक से हम अपने पेट भरने में समर्थ रह पाते थे, अन्यथा वहाँ के खाने से बस हमारा पेट भरने तक का नाता था। फिर भी हर छूटी चीज़ बहुत सताती है। वैसे ही हॉस्टल के हर लम्हें बहुत याद आते हैं, और कभी-कभी ये याद फेफड़ों से प्रवेश होकर हमारे नैनों से जल के रूप में बह जाते हैं।

4

पहली बार Bond लिखना

Bond एक ऐसी पर्ची होती थी जहाँ हमें ये स्वीकार करना पड़ता था, ''लिखित रूप में'' कि मैंने ये गलती की है, और इससे मिलने वाली सज़ा का मैं हकदार हूँ और मुझे कुछ ना कुछ सज़ा मिलनी ही चाहिए।

हमारे हॉस्टल में अपेक्षाकृत ज्यादा वर्षा होती थी, और निरंतर होती ही रहती थी। हम तो ठहरे गाँव के, अक्सर घर में ही वर्षा के पानी से स्नान करते थे। किन्तु हमें ये आभास नहीं था कि वर्षा में नहाने पर इतनी-इतनी यातनाएँ सामने आने वाली है।

हॉस्टल तो आखिर हॉस्टल था। वर्षा हो रही थी, मैंने और मेरे कुछ दोस्तों ने मिलकर नहाने की प्लैनिंग की। हॉस्टल में चिन्तन वर्ग रहते हैं, पहले वह मनन करते हैं, फिर कोई काम। ठीक उसी प्रकार हमने भी प्लैन बनाया वर्षा जल में नहाने का, किन्तु हम शांति पूर्वक स्नान नहीं कर पाए, हमने बहुत हल्ला कर दिया। हमारा पकड़ा जाना लाज़मी था। सर स्वयं हमें देख लिये थे, अब बहाना भी बनाना बड़ा मुश्किल था। अब हमें स्कूल के ऑफिस में प्रवेश करना था। हम एक दासी के रूप में ऑफिस में प्रवेश किए गए। शिक्षकों के बड़े चिन्तन और मनन के बाद ये निष्कर्ष निकला कि हमें Bond लिखकर जमा करना होगा, फिर शिक्षक हमें अपने अनुरूप दंडित करेंगे। सभी मनुष्यों के साथ ये कमी जरूर होती

है, कि वो अपनी गलती स्वीकार करने में हिचकिचाते हैं मगर क्या करें Bond हर गलती को स्वीकार करने का एक सच्चा पन्ना था।

वही Bond के माध्यम से मैं अपनी जिंदगी में खुद की गलतियों को स्वीकारने में ज़रा भी नहीं हिचकिचाता हूँ। निःशब्द होकर अपनी गलती स्वीकार करता हूँ। और गलतियों से भविष्य के लिए माफी माँग लेता हूँ। Bond तो लिखा चला गया था। मगर उसी Bond में प्रधानाध्यापक का हस्ताक्षर लेना अनिवार्य था। हस्ताक्षर लेने के पश्चात् प्रधानाध्यापक के उल्हानों से लबालब अपने कक्षा में शिक्षकों के पास Bond जमा कर दिया।

फिर एक बार अपने शिक्षक की खरी-खोटी सुननी पड़ती। क्लास खत्म होने के पश्चात् पुनः ऑफिस में बुलावा होता। हमारी दंड निर्धारित होती। दंड तक बात पचने योग्य होती, मगर फिर उसी Bond को हमारे माता-पिता को दिखाने के लिए सुरक्षित रख लिया जाता। इतनी यातनाएं झेलने के बाद हमारा ऑफिस से चक्कर छूटता। जनाब इस लम्बी कहानियों का राज बस इतना सा नहीं है, अब हमें महीनों दिन तक अपने शिक्षकों के नज़रों के सामने भी नहीं आना होता। वर्ना शिक्षक हमें ''पानी-पानी कर देते''। साथ-साथ अपने काम भी Fkkasi देते।

मगर हाँ ये यातनाएं भी जिंदगी के हर पल हमें ये सबक देती रहेंगी, कि हमें गलतियों से दूर रहना है। सच कहूँ तो उसके बाद आज तक वर्षा में स्नान करने का मन ही नहीं किया। वर्षा देखकर मन मसोसकर रह जाता। किन्तु नहाने का जुल्म मन में कभी नहीं आता।

5

जंगल भ्रमण

हमारे विद्यालय के पीछे एक अति सुन्दर पहाड़ी थी। विद्यालय की छत से निरंतर उस पहाड़ियों में छुपते सूर्य को देख मन इतना प्रफुल्लित हो जाता, मानों स्वर्ग की हलकी झलक वहाँ विराज कर चुकी है, अपनी कल्पना के अधीन उगते सूर्य इतने मनमोहक होते मानों हममे क्रांति भर देना चाहते है। बादलों की छाती चीर कर अपनी प्रकाश से ऊर्जायमान कर देनेवाला सूर्य हममें नव निर्माण की चेष्टा को दुगुनी कर देता। निरंतर उस ओर देखने की प्रविरती ने भाव्य जंगल, सुन्दर पहाड़ी झिल-झिलाते झरने की ओर हमें खींचना चाहा, किंतु हॉस्टल से वहाँ जा पाना उतना सरल नहीं था। चिड़ियों की चीं-चीं आवाजों ने दिल के कोने में जगह बना लिया था। प्रकृति के प्रेम में उसे देखने की चाहत बन गई थी। किसी शांत गज़ल की तरह गाती प्रकृति मेरे सीने में जगह बना चुकी थी।

हेड सर से मेरा ज्यादा लगाव था, हमने उन्हें अपनी कल्पनाओं और सुन्दर पहाड़ियों के देखने की चाहत को बताया। लगातार कई दिनों तक बोलने के पश्चात् हेड सर भी मान गए। दिनांक निर्धारित हुआ रविवार को हमें अपनी चहेती प्रकृति को देखने जाना था। चाहत इतनी थी कि, हमारे कॉपी का पिछला पन्ना- रविवार की चाहत में अपने एक-एक दिनांक को काटता फिर रहा था।

अन्त में शनिवार आ ही गया, बहुत खुशी थी प्रकृति को देखने की,

इतनी सुंदर प्रकृति शोभियमान मानों दुल्हन की तरह हमारे पास पेश की जाएगी। अपनी कल्पनाओं और ललकों के साथ एक मोहब्बत और देखने की चाहत में इतनी खुशी थी कि संसार में इतनी खुशियाँ हमारे जिंदगी में कभी नहीं आईं। अपनी जेब में रूमाल भरे और अपनी चहेती प्रकृति को देखने निकल पड़ा।

हाय! इतनी सुन्दर, चारों तरफ पलाश के फूलों से लदे वृक्ष, प्रकृति को श्रृंगार युक्त कर देते है, महुओं की खुशबू मंद हवाओं के साथ नाको में प्रवेश कर पूरे बदन को सुगंधित कर देती। हेड सर के वक्तव्य और पौंधों के विषय में बड़ी बारीकी से समझाना एक प्रफुल्लित संगीत सुनने जैसा सुख प्राप्त होता।

जंगल की तरफ आगे बढ़ते गुरु और पीछे-पीछे हम सब कभी खजूर की तरफ गिट्टी फेंकते तो कभी यूँ ही खुशी से आसमानों की तरफ। जंगल के पत्तों को चीर कर प्रकाशयमान सूर्य अपनी आनंदमयी प्रकाश हल्के से हमारी ओर भेज देता और हमें स्वर्ग की प्राप्ति का सुकून प्राप्त होता।

संथाली समाज अपनी प्रकृति प्रेम में मशगूल, इतने शांत नजर आते मानों साक्षात प्रकृति के सारे गुण खुद में समेटकर उन्माद से उसकी कोख में सो गए हैं। शाम चिड़ियों की कलरव हमारे स्वागत के लिए आगमन गीत अपने लय से गाती, वहाँ के सुन्दर-सुन्दर जंगली पौधे अपनी पथरीली मिट्टी को चीर कर हमें संघर्ष का सबूत पेश करती हुई चारों तरफ नजर आती।

दुनिया का हर motivation मानों प्रकृति में समा गया है। "प्रकृति जैसी arts विषय का मुख्य पात्र Science के बायोलॉजी, केमिस्ट्री और फिजिक्स में समा गया हो" असंख्य कीड़े- मकोड़े, अनगिनत जीव अपना पेट इसी प्रकृति में पाल रहें हैं। "प्रकृति स्वर्ग की झलक है।"

हेड सर ने अपनी कड़क आवाज लगाई की अब चलो शाम होने वाली है, सूरज ढलने को है।

हमारे मनों को उदासी ने घेर लिया, ऐसा लगा मानों किसी ने फूल की चाकू से मेरे सीने के हज़ार टुकड़े कर दिये हों। मन नहीं था कि छोड़ू या छोड़ कर जाऊँ। बड़ी अजीब बात है जिस चीज़ को देखने की चाहत महीनों से थी, कितने ही हफ्तों से आज के दिन इंतजार था। बस एक पल में सब

खत्म। फिर ये यादें सिर्फ यादें रहेंगी, फिर कौन आकर बुझाएगा सीने की सुदबुदाहट।

लौटते वक्त वहाँ की जलवायु के कुछ सुन्दर चुनिंदे पौधे अपने साथ लेते आए। आकर स्कूल की छाती पर गांथ दिए। मगर मन तो आखिर चंचल होता है, फिर भी कहीं न कहीं मन हमें उन्हीं पत्तों, उन्हीं शाखों की बाहों में हमें प्रवेश कराता रहता है।

10वीं के बोर्ड के समय मन अत्यंत क्रंदित करने लगता था। मन लगाना मुश्किल हो जाता था, फिर उसी जंगल की ओर जहाँ मन केवल शांत होता है, दिमाग मे ना तो परिक्षा की चिंता होती है, ना सवालों का डर बिल्कुल शांत, मानों अपनी बाहें फैलाई प्रकृति पत्तों से हमें शांति के गीत सुना रही हो। मन हल्का हो जाता फिर पत्तों की चुम्बन लेके, वृक्षों से लिपट के अपनी अंतिम मुलाकात की बातें बताता, वृक्ष में भी मानों विदाई के वक्त हमसे लिपटने की इच्छा होती किंतु अपने सूखे पत्ते गिरा कर वो विरह की वेदना बतला दिया करती।

शायद मेरी विदाई के वक्त वहाँ की प्रकृति ने मुसलाधार बारिश बरसाई थी, प्रकृति हमें कुछ देर और रोकना चाहती थी, किन्तु उसे पता नहीं था कि मैं भीग कर भी जा सकता हूँ। किन्तु मैं वहाँ की समक्ष प्रकृति को बहुत याद करता हूँ। किसे याद नहीं की मैं अपनी लगाई अमरूद की पेड का हाल संपूर्ण लॉकडाऊन में अपने सर लोगों से पूछता रहा। अमरूद के पौधे आज भी मेरी यादों में शामिल होते हैं, आँखें पोंछकर मन हल्का कर लेता हूँ, किन्तु यादें हमें वहाँ लेकर चली हीं जाती है, हमारा मस्तिष्क उसे महसूस भी करने लगता है।

अन्त बस इतना कि मैं प्रकृति प्रेमी हूँ, मुझे झरनों, पहाड़ो, नदियों, वृक्षों, फूलों और पत्तों से विशेष लगाव है।

6

अनोखे पल

कुछ पल अनोखे होते है, बीत जाते हैं। किन्तु यादों को कौन पकड़ सकता है। यादें हमें उस पल के समीप लाकर खड़ा कर देता है। हमारी दोस्ती और हमारा स्कूल, ना जाने हमारे मस्तिष्क पर कितनी यादें समेट कर बैठा है।

दोस्ती की तो बात मत पूछो- सत्यम, देवाशिष, दीपराज ये सब हमारे दोस्तों के नाम हैं, जहाँ हमने सुख भी आपस में बाँट कर जीया है और दुख की तो बात ही नहीं। सुख और दुख हम आपस में बराबर-बराबर बाँट लिया करते। वहीं हमारे दुख भरे चेहरे को देखकर बड़ी शालीनता से सत्यम् हमें आश्वासन देता हम हैं ना चिंता मत करो। सत्यम, एक अच्छा दोस्त और जिंदापल है हमारी स्कूल लाइफ का।

वहीं देवाशिष थोड़ा गुस्सैल, थोड़ा नटखट, हमें हमेशा आगे बढ़ाने का प्रयास करता था। उसके मन में कभी द्वेष नहीं था। मेरा एक सच्चा और मज़ाकिया साथी था।

हॉस्टल लाइफ का एक अच्छा Motivator था। वहीं खरा उतरने वाला दीपराज, अपने शांत स्वभाव और मनमतंगी मिजाज के लिए हमारे बीच, हमारी यादों के बीच विद्यमान है। इसमें कोई शक नहीं कि दीपराज को हम बहुत मानते थे, अपने भाई की अनुरूप ही, हमारे साथ देवाशिष का मजाक बनाने में दीपराज का हाथ रहता था। मेरा एक अच्छा और सच्चा साथी था। सच कहूँ तो दीपराज से सब का बहुत लगाव

था।

अब बस यादें ही बची हैं हमारे बीच, स्मृतियों का क्या ठिकाना हैं। कब मन में आकर हमें भारीपन महसूस कराती रहती है।

हम चारों का अलग रूम था, हमें विशेष कमरे में रखा गया था। अब भी हम अपनी यादों से ऊब कहाँ पाए, हमारी नज़रों में वो कमरा बहुत खटकता है। आज भले हम बिछड़ गए हैं किन्तु मोबाईल हमें उनके पास लाकर खड़ा कर देता है, ''भगवान की मूरत देखी है मैंने जान तो बस गुरूओं में आ गया है।''

हमारे भगवान स्वरूप गुरू ''डॉ0 कौशल कुमार'' इतने सरल, इतने आदर्श की शब्द कम है, उनके विषय पर कहने के लिए। उनके सानिध्य में रहकर हमने अपने-आप को आज़ाद समझा, और हमें जरा भी यादों ने कभी सताया नहीं। कहानियों से शुरूआत और अंत करने वाले ''हमारे बीच के भगवान'' इतने ध्यान केन्द्रीत करने में पारंगत थे कि शायद उनके विषय में मैं कहूँ तो छोटी मुँह बड़ी बात होगी। मैथ के अलावा सभी विषय पढ़ा पाने की क्षमता रखने वाले स्कूल स्वामी अपने माथे पर मुकुट के समान टोपी रखना उन्हें आलंकृत कर देता है, उनके दैनिक जीवन में।आज के समय में उन्हें उसी सरल स्वभाव में देखना बहुत बड़ी बात है।

उसी बीच हिन्दी की अध्यापिका डॉ0 सोनी कुमारी, मेरी अच्छी सखी है। हमारी रचनाओं को पढ़कर प्रतिक्रिया देना उन्हें बहुत अच्छा लगता है। उनकी कृपा से हिन्दी के प्रति मेरा रूझान अधिक रहा। इस कारण मेरे हिन्दी में अच्छे नंबर आए।

सभी शिक्षकों से मेरा विशेष लगाव था और शिक्षकों का भी मेरे से। अक्सर उनके मुँह पर आने के बाद मेरा नाम अपने आप में बड़ा हो जाता था। हर कोई अपने शिक्षकों के बीच ऐसे नहीं छा जाता, बल्कि शिक्षकों के बीच छाने का एक सूत्र है। अगर हम सिर्फ पढ़ने में ही अच्छे हैं तो शिक्षकों का ध्यान हमारी ओर आता है किन्तु अगर हम डिबेट, बोलने, पेंटींग इत्यादि करने के माध्यम से भी शिक्षकों के प्रिय बन सकते हैं।

मेरा शिक्षको का प्रिय बनना शिक्षकों से डिबेट करना, और मेरी कविताओं की वजह से ही हो पाया। मैं हर अनोखे पल को आँखों में समेटे

हुए हूँ। अक्सर उन्हीं आँखों के कारण मैं उसे अपने दिमाग में उतारकर हाथों के माध्यम से अपनी कलम का सहारा लेकर भविष्य के लिए सहेज रहा हूँ।

7

हॉस्टलर्स

हॉस्टल में आते ही हमें मालूम हो जाता है कि हमारी मासूमियत अब कहीं न कहीं खत्म हो जाने वाली है, किंतु ऐसा नहीं होता बस हमारे पल्ले जिम्मेदारियों के ऊपर पड़ जाते हैं, जो हमारे बचपनता के मौत के कारण हैं। ये तो एकदम सच है कि हमारा बचपन कभी नहीं मरता, हम हॉस्टल से घर जाते हैं। माँ गोद में बिठा कर खिलाती हैं बताओं, क्या इसे बचपन मर जाना कहेंगे?

वहाँ तरह-तरह के लोगों से मिलना होता हैं और हमें उनमें ही किसी को अपना भाई चुनना होता है, कहीं शिक्षिका के रूप में माँ मिल जाती है, कहीं अध्यापक के रूप में पिता। जब सबके बीच हम घुल मिल जाते हैं तो ये परिवार का रूप ग्रहण कर लेते हैं। कुछ साथ देने वाले दोस्त मिल जाते हैं, तब करते हैं जमकर बदमाशियाँ।

मुश्किल हालातों में कैसे जिया जाता है, शायद ये हॉस्टलर से अच्छा कोई नहीं बता पाएगा। थोड़े से पानी से कैसे नहाया जाता है, एक पैकेट शैम्पू में भी चार दोस्तों में बाँट कर कैसे लगाया जाता है। यहाँ तक ही नहीं, चंद बची रोटियों को बाँट कर कैसे खाया जाता है। ये कोई क्लब, या कोचिंग वाले नहीं सिखाते बल्कि ये हॉस्टलर्स खुद-बखुद सीखते हैं और जीते हैं। सामने वाला किस धर्म को मानता है, ये वो नहीं जानते। जूठे लड्डू को भी छीन कर खा लेते है। सुना है, सब्जी, रोटी और दलमोट, दूध, चूड़ा और हॉरलिक्स सब मिक्स कर के खा लेते हैं। पता चल जाय बस

कि किसी के पास अचार है, दोपहर तक बाँट-बूट के खाली डिब्बा थमा देते है।

होमवर्क बनी नहीं, सर की डाँट से बचने के लिए अपनी कॉपी छपवा देते हैं। हॉस्टलर्स बड़े अजीब होते हैं। आते वक्त हम भले अजनबी बनकर आते हैं किन्तु, जाते वक्त कुछ बहुत बड़ा छोड़कर जाना होता है, ''जान-पहचान'' जहाँ जान तो बसती ही है, मगर एक पहचान भी बन जाती है।

शर्म को देकर बेशर्म बनना पड़ता है वहाँ सर से छुपाकर लेकिन सब के लफ्ज़ों में गालियाँ कहीं ना कहीं आ ही जाती थी। शुरू-शुरू में मुझे बहुत गुस्सा आता था किन्तु धीरे-धीरे आदत पड़ गई थी। थोड़ी बहुत मेरे भी लफ्ज़ों में आ गई थीं-गालियाँ। लेकिन वहाँ कोई बुरा नहीं मानता था।

मुझे याद है हॉस्टल से चुपके से रात के वक्त बाहर निकलना और बैठकर बहुत रात तक बातें करना। कभी-कभी तो गप्पे मारने में अपनी बहुमूल्य रातों को बर्बाद करने में भी बड़ा मज़ा आता था।

होमवर्क बनाते-बनाते कब सुबह हो जाती थी और घंटी बज जाती थी पता ही नहीं चलता था। कभी-कभी क्लास के टाइम में सोने में भी बड़ा मज़ा आता था। कभी आधी नींद में ही असेंबली लाइन में जाना पड़ता था। शाम हमारी भविष्यों के विषय पर चर्चा करते-करते काट लिया करते थे। उसी शाम कभी सत्यम् चुड़ा ले आता और देवाशिष दाल-मोट तो मानों शाम में चार चाँद लग जाते। और अच्छे तरीके से चाँद तब लगते जब हम और दीपराज मिलकर देवाशिष के मज़े लेते, और देवाशिष हम लोगों के।

शायद मैं इन दिनों को और भाई समान दोस्तों को कभी नहीं भूल पाऊँगा, ।

हॉस्टल लाइफ इज़ बेस्ट लाइफ। हॉस्टल की यादों को सोचते ही चेहरे पर हल्की मुस्कान आ जाती है। शायद, मौत के बाद ही इस पल को भूल पाऊँगा, अन्यथा नहीं, जिंदगी भर कहीं ना कहीं, किसी ना किसी मोड़ पर याद आ ही जाएगी।

8

मैस का खाना

हम अगर किसी जगह अपने हक की बात करते तो, वो जगह सिर्फ और सिर्फ मैस था। मैस से हम सब की दुश्मनी थी, ये दुश्मनी जाने अनजाने मे हम सब में समाविष्ठ हो गई थी। शायद ये वहाँ के खाने की वजह से हममें दुश्मनी थी या वहाँ के बड़े-बड़े भाषणों की वजह से। खैर इतना तो नहीं पता मगर यह जरूर है कि ये दुश्मनी अत्यंत याद आती ह। शायद अब वहाँ का सब कुछ याद करना वैसा ही है जैसे रोकर मन बहला लूँ।

कितनी अजीब दोस्ती और दुश्मनी थी हमारी, बस अब यादों के पन्नों में सिमट आई है। लालू अंकल से चालू हुई हमारी मैस की कहानी दादू तक आ सिमटी हुई है।

वहाँ की एक खासीयत थी, चाहे कितना ही अच्छा खाना क्यों ना बन जाए मगर कहीं न कहीं उसमें कमी आ ही जाती थी। अगर सब्जी अच्छी बनती तो चावल खराब, और चावल अच्छे तो सब्जी खराब।

सुबह पूड़ियों से चालू हुई हमारी दिनचर्या रात के उसी पानी वाली खीर पर आकर खत्म हो जाती थी। कभी-कभी ऐसा भी होता कि रात हमें बिना खाए बितानी पड़ती, क्योंकि रात के खाने में अक्सर विलंब ही हो जाते थे।

एक बार हमें ऐसा भी दिन देखने का मौका मिला जब हम लोग अपने भोजन संबंधी समस्या के लिए धरना पर बैठे मिले। कई ऐसी-ऐसी रोचक बातें हैं जिससे मन बिल्कुल भर आता है, कि हमने कितने सुन्दर

पल अपने प्रांगन में बिताए हैं।

बहुत सी ऐसी घटनाएँ हैं जो हमारे मैस संबंधी हैं। किन्तु सारी समस्याओं का निष्कर्ष ये हैं ''वहाँ का खाना''। हर झगड़े का अंतिम छोर होता है किन्तु मैस के झगड़े का कभी छोर मालूम ही नहीं होता। आज हमसे, कल उससे झगड़े होते रहते। किन्तु झगड़ा शांत कभी नहीं होता।

शायद आज भी वहाँ बच्चों कि सबसे प्राथमिक समस्या खाने की ही होगी, आज भी बच्चे मैस के मालिक लोगों से झगड़ा करते होंगे।

मेन्यू हमारा हमेशा प्रमाण होता, शायद मेन्यू हमारे सारे फसाद की जड़ थी। हर बार झगड़ा खाने पर आ जाना, शायद हर बात से अनोखी जरूर थी रसीली भी थी।

रस से परिपूर्ण इस समस्या को हम अपने आने वाले मेहमानों को भी बताते। जितने भी बड़े-बड़े Officer हमारे स्कूल आते हमारी पहली प्राथमिकता हमेशा खाने की समस्या होती। इस समस्या का खत्म होना शायद वैसा होगा जैसे सृष्टि अब समाप्त होने वाली हो। ये समस्या कभी समाप्त नहीं हो सकती क्योंकि हर बच्चे की पसंद अलग-अलग होती है। जो चल रही है निरंतर वही चलती रहेगी। इस समस्या से कल हम भी जूझ रहे थे आज आप सब जूझ रहे होंगे। भविष्य में भी इस समस्या से छात्रों को जूझना होगा। क्योंकि नाम से पता होगा एक ''हॉस्टल'' का खाना।

9

ऊँगली का फोड़ा

वक्त कभी नहीं रूकता, वक्त निरंतर चलता रहता है। किन्तु मन तो चंचल है ना उसे कौन पकड़ सकता है। मुझे अच्छी तरह याद है मेरी दायीं ऊँगली में एक अत्यंत कष्टदायी फोड़ा हो गया था, वो इतना कष्टदायी था कि, खाना खाने तथा लिखने आदि में बहुत परेशानी होती थी।

‘‘कष्टों को सबर से दूर किया जा सकता है‘‘।

हमनें हर तरह की तरकीबों से अपने कष्टों को दूर करना चाहा। किन्तु, कहीं न कहीं हमारी तरकीबों में कमी आ गई थी। सर कौशल कुमार के पास गया, मानों उनके पास हर कष्ट की दवा हो। उन्होंने हमें आश्वासन देते हुए मेरी पीठ पर हाथ फेरते हुए कहा, ‘‘भगवान ने तुम्हें ये कष्ट इसलिए दिया है क्योंकि तुम इसे सहने लायक हो‘‘ और भी तुम्हारे सहपाठी हैं उन्हें नहीं हुई। एक फोड़े से भला कौन चवेपजपअम ढूढ़ेगा। हमारी निराशा को दूर करने का मंत्र उनके पास था।

पिता तुल्य हमारी हाथों की ऊँगलियों को देखते ही कुछ नहीं करूंगा बोलकर, कसकर दबा के ऊँगलियों के फोड़े से सारी गंदगी निकाल कर आँसू पोंछकर, अपनी गलती पर माफी माँगते हुए हँसकर बोलते- ठीक हो गया अब, जाओ खेलो कूदो। मानों मेरे हाथों को भगवान ने छू दिया, तभी आजतक उस हाथ में कुछ नहीं हुआ। मुझसे कोई पूछता है कि तुम सर लोगों को कितना उपे करते हो, तो मैं कहता हूँ उतना ही जैसे मैं चीनी खाके ये नहीं बता पाता कि चीनी कितनी मीठी है।

यादों को सिर्फ और सिर्फ महसूस किया जा सकता है उसे लफ़्ज़ों से कहाँ उकेरा जा सकता है। किन्तु मैं अपने टीचर्स का चहेता रहा हूँ, मैं उनके साथ बेहूरमीयत से कभी पेश नहीं हुआ। आज हमारे गुरू जहाँ कहीं भी हैं उन्हें सादर चरण स्पर्श। ''जो हमारे लिए है, उसे हमसे कोई नहीं छीन सकता बस उसे पाने के लिए हमें कठिनाइयाँ तो झेलनी ही होगी।''
''वो सफलता कैसी जिसमें कठिनाइयाँ ना हो।''

10
बर्थ-डे एक प्रथा

वो कहते है ना ''तुम इतना, तो हम कितना'' बस इसी होड़-जोड़ की एक अच्छी झलक वहाँ किसी के बर्थ-डे पर देखनें को मिलती थी।

बड़ी अजीबों-गरीब तरीके से वहाँ की बर्थ-डे पार्टी होती थी। हमारे प्रथम बैच के छात्रों के बीच ऐसी प्रथा नहीं थी किन्तु पता नहीं अपने जूनियरस को देखते-देखते उनमें भी समाविष्ट हो गई थी।

हमारा वहाँ अंतिम वर्ष था। हम अंतिम वर्ष को एक यादगार तरीके से बिताना, और बनाना चाहते थे। इसलिए भी बर्थ-डे वहाँ की प्रथा से हमारे बीच पहुँची होगी। किन्तु बर्थ-डे सब के साथ खुद को खुश करने का एक जरिया था।

हमें लगता है बर्थ-डे इसलिये भी मनाया जाता है, ताकि एक दिन उनकी इच्छा का हो, या शायद एक त्योहार की तरह सबके लिए एक दिन को मुकर्रर करके खुशी मनाने का दिन भी। जो भी हो, मगर हमारे लिए तो खुशियाँ मनाने का एक जरिया होता था। हम सब रम जाते थे भरपूर मस्ती करते थे।

अपनी यादों को तरो ताजा करूँ तो, बर्थ-डे वाले दिन Chicken की पार्टी, Cake नाश्ता, ना जाने कितनी ही चीजों से हमें लबरेज किया जाता था।

मुझे पता ही नहीं होता, जो तनिक एक रूपये भी खर्च करने में बड़े-बड़े बहाने काटते, वो बर्थ-डे में अपने बड़े दिल से दिल खोल कर खर्च कैसे करते थे।

एक बात तो समझ में आ गई थी, खुशियाँ मनाने के लिए हम खुद को कर्ज में डालना भी उचित समझते थे। अब हमें बर्थ-डे मनाने के लिए सर से ही पैसे क्यूँ ना लेने पड़ जाएँ, किन्तु हम पीछे हटने वाले थोड़ी थे। हम उनसे माँग लेते थे। बात ये थी कि सर भी हमें कभी मायूस नहीं देखना चाहते थे, इसलिए वो भी हमें पैसे दे देते थे। इतना ही नहीं सर प्रत्येक बच्चे के बर्थ-डे पर गिफ्ट भी देते थे।

भरा-पूरा परिवार बर्थ-डे में शामिल तो होता ही था, मगर इस बात को कोसता भी था कि वो अब अंतिम वर्ष की ओर पलायन कर चुका है, पता नहीं अगले वर्ष तक कितने लोग हमारे बीच रहेंगे। इसी सोच, जुनून, सम्मान के साथ बर्थ-डे सचमुच यादगार पल बन गया। अगर मैं स्कूल के प्रांगन की सबसे सुन्दर चीजों को दिखाने की कल्पना कराऊँ तो बर्थ-डे उन में से एक सबसे सुन्दर चीज होगी। शायद ही किसी स्कूल में सब एक साथ इस तरह के आयोजन करते होंगे।

खुशियाँ खरीदी नहीं जा सकती, किंतु ''खुदा ने एक दिन बनाकर खुशियों की खरीदारी कर दी।'' शायद हम इस पल को बर्थ-डे कहते हैं।

11

अन्तिम होली

सब कुछ मन और कल्पनाओं के अधीन होता है। हममें ज़रा भी बैर नहीं थी, ये मजहब ये जाति। सिर्फ और सिर्फ हम स्टूडेंटस थे। हम भले मुश्किल धर्म से संबंध रखते थे, किन्तु मेरा मानना है कि कोई भी किसी के भी त्योहर को साथ में मना सकता है। जैसे- हम होली, दीवाली सब साथ मनाते थे। सत्यम् और देवाशिष हमारे यहाँ ईद के मौके पर आया था। हममें बैर नहीं था, किन्तु कुछ लोग ऐसे थे जिनमें इन बातों को लेकर बैर था।

पता नहीं लेकिन मैं उनमें व्याप्त इस बुराई को नहीं हटा सकता। एक बात है -

कुछ मुसलमान बुरे हैं किन्तु हम इस्लाम को गलत नहीं ठहरा सकते। फिर भी सबकी अपनी-अपनी मानसिकताएं होती है। वो वहीं तक सोचते हैं जहाँ तक वो सुने होते हैं या देखे होते हैं।

मेरे अन्दर इस प्रकार की बुराई बिल्कुल भी नहीं थी, मैं सरस्वती पूजा में पूजा तो करता ही था, साथ-साथ चन्दन का टीका अपनी पेशानी पर लगाता भी था। मुझे ज़रा भी संकोच नहीं होता था। मैं अपने शिक्षकों का चरण स्पर्श भी करता था। वैसे हमारे यहाँ इस तरह से चरण छूने का हुक्म नहीं है किन्तु फिर भी मैं भारतीय परम्परा के इस आदर सम्मान करता था और उसे अपनाता भी था।

हम चढ़ाई चीज़ कतई नहीं खाते। किन्तु हमने स्कूल लाइफ में कभी

आना-कानी नहीं की कि मैं प्रसाद नहीं खाऊँगा, बल्कि मैं प्रसाद भी खाता था।

मैंने अपने हॉस्टल लाइफ में मीट कभी नहीं खाया, सदा निरामिश बनकर रहा। ऐसा नहीं था कि वहाँ मीट नहीं मिलता था किन्तु कुछ मोह थे या भि-भिक सा था, इसलिए मैं मीट कतई नही खाना चाहता था। शायद इसी वजह से घर में भी मीट खाने की प्रवृति मेरी कम रही।

एक बार होली और शबेबारात एक ही दिन पड़ गया। हम होली में भोरे से ही मशगुल हो गए। इतनी मस्ती, इतना रौंदना, एक दूसरे को पकड़-पकड़ के रंग लगाना, डीजे के साथ डांस करना, बाल्टी के पानी को बिना कहे ही किसी पर फेंक देना अत्यंत मस्ती की। हमें भी पकड़कर हमारे दोस्तों ने खूब गुलाल मला, हम रूकने वाले थोड़ी थे, हमने भी जमकर एक दूसरे को गुलाल मला, किन्तु दिन भले हमने होली के रंगों में बिताई हो। मगर रात शब-ए-बारात की इबादत में गुजार दी।

होली और शब-ए-बारात का एक ही दिन होना हमारी एकता में चार चाँद लगने जैसा है। खुदा भी चाहता है हम त्योंहारों के माध्यम से ही सही लेकिन एकता के सूत्र में बँध जाएँ। हममें मोहब्बत कायम हो, हम आपसी भेदभाव छोड़कर भाईचारा के हाथ फैलाएँ।

किन्तु जो भी हो हमारे दोस्त एक मुस्लिम समझकर ही याद करें, कोई बात नहीं किन्तु याद करते हैं। हममें भी वही रक्त है, जो तुम्हारी रगों में बह रहे हैं। हम भी वही उम्मीद लेकर आए थे जो तुम सब लेकर आए थे। हमको भी शिक्षकों से उतना ही प्रेम था जितना तुम सब करते थे। किन्तु पता नहीं मेरे नाम के आगे मोहम्मद लग जाने से तुम्हें इतना वास्ता क्यूँ था।

किन्तु मैं तुम सबको बहुत याद करता हूँ, भले से तुमने हमें तराजुओं में तौला हो। आज भी तुम सबकी नोंक झोंक बहुत याद आती है, और मैं तुम सबको बहुत याद करता हूँ।

12

दसवीं की तैयारी

मैं अपनी यादों के सागर से सबसे सुनहरी मोती निकालूँ, तो शायद दसवीं की तैयारी के पल अपने आप हमारे सामने आकर खड़े हो जाएँगे।

"कुछ यादें इसलिए भी याद रहना चाहती हैं क्योंकि हम उसे फिर से जीना चाहते हैं।"

कोई किसी से कम नहीं था। दसवीं की परिक्षा सबके लिए समान अधिकार रखती थी। कोई भी फालतू की कोई गप नहीं, बस जिधर देखूँ बस पढ़ाई और बस पढ़ाई।

ये सबसे अच्छा कौन बता सकता है?

अरे, यार! हिस्ट्री तो हमसे होती ही नहीं है।

कभी सोचा है फिजिक्स का क्या होगा?

हिन्दी में नंबर बहुत कटता है।

कुछ इस तरह के सवालों को अपने माथे की धारियों में समेट कर रात और दिन की परवाह किये बिना लगातार पढ़ने की प्रवृति जो आँखों के नीचे काले धब्बे के कारण बने फिर रहे थे। जिधर पूँछू, कोई नहीं बताने वाला था कि, वो कौन सी गाइड पढ़ता है, किस सर से क्लास ली हुई है?

सबके-सब एक दूसरे से अपने आप को आगे निकालने की कोशिश में लगे थे।

नींद ना जाने कहाँ थी पता नहीं, रात के पहर काट के मात्र घण्टे-दो घण्टे की अच्छी नींद के बाद, सच-मुच जादू था।

जहाँ घण्टी लगने के बाद भी उठने में आना-कानी करने वाले हम सब, घण्टी लगने के पहले उठना सबको अचरज में डालने का प्रारूप था। शायद हममें समझदारियाँ विकसित हो गई थी, हमें अच्छे नंबर लाना है तो लाना है। ना जाने कितनी ही कॉपियों ने अपनी कोरे शरीर पर स्याही से नोटर्स के धब्बे उकेरे, तब जाके कहीं तैयारी पूर्ण हुई किन्तु ''कहते है तैयारी कभी पूर्ण नहीं होती'' ठीक उसी तरह हमें लगता कुछ बचा है शायद उसे देखना है Grammer के कुछ भाग याद भी करने है।

निरंतर अपने ढंग से पढ़ते हुए परिक्षा की तिथि हमारे समीप आकर खड़ी हो चुकी थी। कौन जानता था कि परिक्षा के बाद हम लोग इतने अलग हो जाएँगे?

हमारे बीच दूरियाँ इतनी बढ़ जायेगी, कि हम एक दूसरे से बातें करने के लिए भी तरसेंगे।

कल लास्ट एग्जाम होगा। सब के सब प्रसन्न थे किन्तु एक कवि मन अर्थात् मेरा मन क्रंदित हो रहा था। जहाँ सब खुशियों में झूम कर कह रहे थे अब फ्री हो जाएँगे।

उसी बीच मेरी आँखों में दुख भरा ये पल था ''बिछड़ना''। कौन रहने वाला है, पता नहीं था, किन्तु हम नहीं रहने वाले थे, ये बात हमें बखूबी पता थी। अपने मसोजते हुए मन से अंतिम परिक्षा तो दे दी। इस बात की खुशी जरूर थी मगर बिछड़ने का दर्द भी एक तरफ दुख का कारण बना हुआ था।

परिक्षा की शाम कुछ बच्चे घर चले गए, शायद उन कुछ बच्चों से मेरी अंतिम मुलाकात थी। हम स्कूल में लगभग सभी के चहेते रहे हैं, वाद-विवाद के मामले में शिक्षकों के भी। मेरा उन लोगों से नहीं मिलपाना शायद एक घाव की तरह है, जब यादें उन्हें छूती हैं तो कष्टदायी दर्द होता है।

शायद दसवीं का ये पल हर कोई अपने साथ गुजारता है। दसवीं के दोस्त सभी को याद भी रहते हैं। दसवीं का हर पल, हर लम्हा याद करना- शायद टहनियों से टूटने वाले पत्ते ही बता पाएँगे, कि बिछड़ने का दर्द, मिलने की कोमलता से कहीं ज्यादा होता है।

13

आपसी सामान

हम अपनी स्कूल यात्रा के अंतिम में पहुँच चुके थे, अब यहाँ से कॉलेज लाइफ की शुरूआत होनी थी। अपने स्कूल के सारे लोगों से आपसी मतभेद हटाना था। उसी बीच सत्यम्, देवाशिष और हमारे बीच अपने-अपने सामानों का बँटवारा भी होना था। ये हम रख लेते हैं फैजान, कहकर देवाशिष हमारे इत्र की छोटी सी सीसी अपने थैले में रखता है। बड़ी शिद्दत से कहता है जब कभी याद आएगा ना लगा लेंगे।

वहीं सत्यम् ऊपर ही ऊपर से अपने दिल में दर्द छुपाए बोलता है, जल्दी खाली करो...... वैसे भी अब हमको तो अकेला ही रहना है। इतने शोर के बीच मैं इतना गुमसुम किसी कोने में बैठकर बिछड़ने का दर्द, आँखों में समेट रहा था। ना जाने कितनी ही बार मैं कमरे की दीवारों से माफी भी माँग रहा था। शायद उस कमरे से, वहाँ की हर चीज़ों से मुझे मोहब्बत थी।

देवाशिष के चिपकाए श्लोक, और हमारी लगाई कलाम साहब की फोटो आज भी मेरी आँखों के सामने आकर कुछ मिनटों के लिए मौन कर देती है।

मुझे याद है, सत्यम् से मैं बार-बार कलाम साहब की फोटो नहीं हटनी चाहिए कहकर उसे अश्वासन दे रहा था कि हमारी याद आए तो उस तस्वीर को देख कर मन परिपूर्ण कर ले।

मुझे पता है कि सत्यम् अब अकेला उस कमरे का दावेदार बना होगा,

किन्तु वो उस कमरे को नहीं छोड़ेगा क्योंकि उस कमरे से हम सबकी यादें जुड़ी हुई है। भले से वो स्कूल से निकल जाए तब ही कोई दावेदार बतला सकता है।

मैं अगर खुद उस कमरे का नाम बताऊँ तो शायद आप डिंगर कहो बताना होगा उस कमरे की नाम प्ौरूम था। वैसे भी सबके बीच ये नाम बहुत प्रसिद्ध था।

अपने स्कूल की अंतिम रात्रि भी उसी रूम में गुज़ारी। बिछड़ने का दर्द तो था ही, साथ-साथ हर चीज़ से टूट जाने का दर्द भी बहुत व्याकुल कर रहा था। उस रात अच्छी नींद नहीं आई, ख्यालों के सागर में डूबा हुआ अनेकों बार अश्रुपूर्ण रोया। एकान्त रोना था, इसलिए मन-ही-मन बुदबुदाते हुए कभी स्कूल की दीवारों को छूते हुए रोया तो कभी, सत्यम् और देवाशिष को देखकर। अपनी सारी मस्तियों के बीच खुद को रखकर देखा, फिर भी यादों को भुला पाना अत्यंत कठिन कार्य है। मुझे ठीक तरह याद है उस रात नींद नहीं आई, बस ख्यालों में डूबा ही रहा।

"है चाँद को पता नहीं, कल रात कहाँ होगी।
यहाँ नहीं होगी कल, फिर चाहे जहाँ होगी।"
"यादों का मर्तबा नींदों से ज्यादा है।
याद करते रहो, तुम सो नहीं सकते।"

सच में विरह हर किसी के लिए कष्टदायी होती है। चाहे चिड़ियों को अपने घोंसले से नए घोंसले में जाना हो या अपना सर्वस्व छोड़कर अपनी धरा से मुक्ति पानी हो।

सुबह की बेचानी ने मन को तोड़ कर रख दिया था, कोई नहा रहा था, तो कोई खेल रहा था। बस में था जो बीते दिनों की याद लिए स्कूल की सीढ़ी पर बैठा बहुत कुछ भाप रहा था। अंतिम बार स्नान करते हुए, स्कूल के प्रागण को निहारते हुए बाहर की ओर निकल कर पीछे मुड़ कर देख रहा था।

अन्तिम बार अपने शब्दों से ठलम.ठलम स्कूल कहकर आँख मिलाने की हिम्मत ना करते हुए दौड़ते-दौड़ते अपने घर की ओर निकल पड़ा था।

14

मैं और मेरे अन्दर एक लेखक

मेरे पास भगवान का दिया हुआ तोहफा है या मेरी नाज़ुक सी मन की छोटी कल्पनाए है।

पता नहीं किन्तु मैं अपनी लेखनी को ऊपर वाले की हुई सबसे खुबसूरत और तरीन चीज़ों में शूमार करता हूँ।

''अगर हमें अपनी गिनती अमरों में करवानी हैं तो मैं मानता हूँ लेखनी से बढ़ कर, वो चीज कुछ भी नहीं''

हमें मालूम है कि ये लेखनी हमें विरासत में मिली है, किन्तु हमें ये भी मालूम है कि ये हमने अच्छी-अच्छी किताबों से शब्दों का खेल खेलना सीखा है।

अगर मैं कवि की बात करूँ तो उनकी बारीकी सूई में डालते हुए धागे से कहीं बारिक होती है।

तभी तो कहा गया है, ''जहाँ ना पहुँचे रवि, वहाँ पहुँचे कवि''

मेरी उम्र लगभग सात की होगी, तब से मैं टूटी फूटी शेर लिखता था। मुझे अच्छी तरह याद हैं जब मैं तीसरी कक्षा में था मेरे पिता ने मुझे हॉस्टल में दे दिया था, हॉस्टल जाने के पहले मैंने कुछ ऐसा लिखा था। जिससे मेरे परिवार में खलबली मच गई थी। माँ का रोना लाज़मी था, क्योंकि मैंने माँ के ऊपर ही लिखा था, अभी उतना याद नहीं की वो क्या थी, लेकिन

मैने खुद की संवेदनाओं को महसूस करते हुए लिखा था।

छठी क्लास से मेरे लेखनी में धार आई। 7वीं कक्षा में मैं अन्य लोगों को पढ़ने सुनने लगा। सर लोगों का निरंतर सहयोग मिलता रहा।

8वीं में आने के उपरान्त प्रभात खबर द्वारा संपादित, संपादकीय संवादन में अपनी रचना डाली, शायद पंख नाम से आती थी।

वहाँ से मैं छात्रों के आमने-सामने हुआ। मैं सबसे छुपाता था कि मेरे अन्दर ये गुण है, किन्तु अब सब छात्र जानते थे और मुझे उत्साहित भी करते थे। दोस्तों का योगदान मेरी लेखनी में सर्वोपरी है। मेरे माता-पिता, आज भी मेरे इस गुण पर बहुत झल्लाते हैं। मेरी हिन्दी की शिक्षिका, सोनी मैम का बहुत ज्यादा योगदान है। वो मेरी रचना को अपने साथ घर ले जाती थीं, क्योंकि जब वो स्कूल में होती तो उन्हें एक टीचर का फर्ज निभाना पड़ता, जब घर पर होती तो एक माँ का फर्ज, एक पत्नी का फर्ज निभाना पड़ता होगा। इतनी व्यस्तता के बाद भी मेरी गलतियाँ सुधार कर लाती थी।

कौशर सर के योगदानों की चर्चा, हजार सम्मानों के बराबर है। छोटी मुँह से बड़ी बात नहीं कहीं जाती, उनका ओहदा आला है, उन्होंने मेरी रचना को अपना सानिध्य देकर, मुझे खुशनसीब बना दिया। मेरी कक्षा 9वीं और 10वीं का काल लेखनी के लिए स्वर्णीम काल था, क्योंकि मुझे अवसरों में सम्मेलित किया जाने लगा था। एक पुस्तक में मेरी रचना को स्थान भी मिला था। कुछ आयोजनों में पुरिस्कृत भी किया गया था। 15 अगस्त और 26 जनवरी के दौरान स्कूलों में भी वाह-वाही लूटता था। लेखक हर दौर में गरीब रहा हैं। कबीर घुमक्कड़ हुआ करते थे, मगर ये तो खुदा की आवाज़ थी मीर जो बहुत अच्छा कहते थे, मगर भूख के कारण जान लपेटे में आ गई। प्रेमचंद दुनिया के एक ऐसे शक्स जिनकों बच्चे, बूढ़े, जवान सबने पढ़ा। ये 8वीं तक पढ़ थे, किन्तु इनकी रचनाओं ने Zero से लेकर P.H.D. तक का सफर हासिल किया।

क्या इसे हम चमत्कार नहीं कहेंगे? क्यों ना कहें, लेखक खुदा की दी हुई नेमतों में से हैं।

आज अपने मित्रों और टीचर की वजह से इस पुस्तक को भी लिखने का गर्व प्राप्त कर पाया।

15

स्कूल का अंतिम दिन

हाँ, वहीं..... जहाँ कभी आने के लिए रोना पड़ता था। मुझे पता नहीं था कि मैं ''आज स्कूल जाऊँगा हमेशा के लिए आ जाने को'' पिता जी के बोलने पर मन मानों उदास हो गया, क्योंकि अपना सारा सामान लेकर हमेशा के लिए वो प्रांगण छोड़ना था।

सुबह स्नान करके निकल पड़े अपना T.C लेने।

स्कूल को पुनः देखकर मानों दिल लबालब हो गया। चारों ओर दौड़ते-उमकते छात्रों को देखकर मैं खुद को वहाँ, उनमें महसूस करने लगा।

''विपिबम, दिवारे, क्लास सब पहले जैसा था, सब मुझे जान रहे थे किन्तु दिवारों से कुछ तस्वीरें गायब थीं, जो उन्हें अधूरा कर रहीं थी'' इसलिए मन बैठ रहा था।

''ये बेड मेरा था, वहाँ टंगे हैंगर भी मेरे थे किन्तु वो टंगे कपड़े मेरे नहीं थे।''

सर-मैम को प्रणाम करते हुए, फिर से उन्हीं वादियों में घूम कर अपने-आप को वहाँ कल्पना कर रहा था। कुछ बदला नहीं था सब वैसा का वैसा था, चाहे रोजमर्रा की परेशानियाँ हो या मैम-सर का प्यार। ''बस बदले थे तो हम''

मेरा वहाँ से छोड़ना, सबके लिए कष्टदायी पल था, सबके लिए क्या मेरे

लिए खुद-बा-खुद।

कौशल सर को देखते थे, और आँखें ना जाने क्यूँ भींगने लगती थी। दिल छोटा करके मन ही मन फूट-फूट कर रोने लगते थे। ''आँसू कितनी वफादार थी, जिसने सरलता, करूणा, भाव सिखाए मानों उन्हें परिणाम दे रही थी।''

आप सब को याद करते हैं आँखें खुद ही भर आती है, रोने की जरूरत नहीं पड़ती।

''उदास मंजरों में हँसने कौन देता है।

याद करके आँसू बहने कौन देता है।

स्कूल तेरी याद आती है, लेकिन रोने कौन देता है।

आज भी अटकते हैं लेकिन सवाल पूछने कौन देता है।

बहुत जी करता है अपने शिक्षकों से सवाल पूछने का किन्तु मन मसोज कर रहता हूँ।

मेरे अन्दर बहुत दर्द है, सबसे बिछड़ जाने का। आज नए दोस्त हैं मेरी जिन्दगी में किन्तु पुराने दोस्त कभी भूले नहीं जा सकते।

''पत्ते टहनियों से अलग क्यों ना हो जाएँ, उन्हें मालूम होता है कि उनका वजूद कहीं ना कहीं ये पेड़ है।''

ठीक मेरे साथ भी ऐसा ही हुआ, सुनहरा अवसर था। दुमका के विधायक आए हुए थे उनके हाथों मैं पुरस्कृत हुआ। बसंत सोरेन से पुरस्कार पाकर मेरा अंतिम दिन स्वर्णीम अमर हो गया।

किन्तु मन वहाँ अटका था मेरी जुदाई होनी थी। ''टीचरों का मुँह देखकर आँखें भर आई थी और दोस्तों आश्वासन के सुन-सुन मन भर आया था। मैं खुद को रोक नहीं पाया, फूट-फूट कर रोने लगा।

कौशल सर ने हमारी ईद तब कर दी जब उन्होंने मेरे साथ और हमारे भरे-पूरे शिक्षकों के साथ एक फोटो लिया। शायद एक लेखक के लिए इससे चुनिंदा कोई पल नहीं हो सकता। जब उनके शिक्षकों ने खुद उनके साथ फोटो लेने के लिए हामी भरी हो।मैं अपने आप में गर्वान्वित हो गया।

''किसी के गाल पर आँसू का एक कतरा छोड़ आए हैं।

खडी दीवार, भरा प्रांगण स्कूल में ऐसा नजारा छोड़ आए हैं।

कई जूनियर शिकायत करते हैं कि हम गप का पहरा छोड़ आए हैं।

किताबें आ गई साथ लेकिन ताख पर छोहारा छोड़ आए हैं।
बहुत दिन तक मुझसे दोस्तों से बैर रहती थी, कि हम उनके भी नंबर का टुकड़ा छोड़ आए हैं।
मैथ की किताब साथ ले आए, असीम सर और हिमांशू सर का पढ़ाना छोड़ आए हैं।
मोबाईलों में हर तरह के मजाक से जी नहीं लगता, कि हम गौतम सर की क्लास में हँसना छोड़ आए हैं।
कि अब सुबह देर से उठते हैं, सहदेव सर का उठाना छोड़ आए हैं।
फिजिक्स के सवालों से सर दर्द है, और महेश सर से नाता तोड़ आए हैं।
सोनी मैम मेरी लेखनी में साथ चलती है, लेकिन महादेवी वर्मा वाला जमाना छोड़ आए हैं।
संस्कृत के विद्वान ज्ञानदाता को ब्लैक बोर्ड पर पढ़ाता छोड़ आए हैं।

16

क्रिकेट के प्रति सबका आकर्षण

कानून और कायदे की बात सिर्फ फिल्ड पर होती थी। जहाँ हमें प्रियोडिक टेबेल चिपकाने होते थे वहाँ हम विराट, धोनी या रोहित शर्मा की तस्वीर चिपका देते थे। क्या शौक थे? बड़े अनोखे, बड़े अनचाहे!

प्च्स् या वतसक बनच चाहे कुछ भी हो मैच देखना निश्चित था। मुझे अच्छी तरह याद है। कुछ छात्र थे जिन्हें क्रिकेट से इतना प्रेम था कि छुट्टी होते ही बल्ला लेकर फील्ड पर पहुँच जाते थे।

बस भारत अगर किसी तरह हार गया हो, लो अब उनका मातम शुरू हो जाता था। ऐसा लगता था कि साक्षात् उन्हीं में मैच हो रही थी और वो हार गए हो। वो लोग बहुत अच्छा खेलते थे।

खेल की गप में कभी कभार झगड़ा भी हो जाया करता था। झगड़ा भी कैसा मानों इन्होंने मैच अपनी आँखों से फिल्ड पर देखे हों, किन्तु सब में आपस में प्रेम था।

मेरी रुचि क्रिकेट से कम थी, लेकिन शत-प्रतिशत बच्चे क्रिकेट में रुचि रखते थे। हमारे यहाँ हर वर्ष SPL होता था, अगर नहीं होता तो वो लोग सर से बहुत जिद्द करके करवा ही लेते थे।

हर वर्ष बल्ले आते, फील्ड बनते सचमुच एक त्योहारों सा आनन्द होता। बात यहाँ अनपच होती जहाँ वे एक कूड़ा भी अपने हाथों से नहीं उठाते थे

वो कुदाल लेकर फील्ड बनाने में लगे थे।

खेल का अलग जूनून था उनमें। किसी चीज में कायदे का पालन करते हों या ना हों, मगर एक बात जरूर थी खेल में बड़े कायदे-कानून बरतते थे। हमारे यहाँ सर लोगों को बागवानी का बड़ा शौक था, किन्तु हम सब मिट्टी खोद सकते थे वो लोग जो मिट्टी खोदने जैसे कामों से भागते थे वो फिल्ड के इतने प्रेमी कैसे हो सकते हैं।

मैंने तब सीखा कोई कितना भी कायदे और कानून को क्यूँ ना तोड़ दे उसे कहीं ना कहीं इसी कायदे और कानून की समस्त प्रक्रिया से गुजरना पड़ता है।

17

हम पंछियों से मिलते जुलते है ना

''पंछी को नया घर बसाने में समय लगता है'' हम छात्रों और पक्षियों में बहुत सी एक सी समानताएं है। पक्षियाँ अपना घोंसला बदलती हैं और उस वातावरण में रमने में उरो सगय लगता है। ठीक उसी तरह हम छात्र जब ग्राम के प्राथमिक विद्यालय से मध्य विद्यालय और फिर उच्च विद्यालय तक का सफर करते है, ना जाने कितनी ही यादें हमारे बीच रह जाती है जिसे मस्तिष्क भूलने का नाम नहीं ले पाती। पक्षी अपनी जिन्दगी में बहुत मेहनती होती है। सारा दिन बस भोजन खोजने में लगी रहती है ठीक उसी तरह हम छात्र अपनी पढ़ाई और अपने लक्ष्य खोजने में लगे रहते हैं।

शाम के समय पक्षियों का कलरव करना ठीक वैसा ही है जैसे हॉस्टेल के छात्र करते हैं। पक्षियाँ कितनी ही लड़ाइयाँ क्यों ना कर लें, किन्तु वे किसी से बैर नहीं रखतीं। उसी तरह हम छात्र लडाई करते हैं और बैर खत्म कर दोस्त हो जाते हैं।

पक्षियों का स्नान करना कितना मनमोहक लगता है। कभी अपने पंखो से दूसरे पक्षियों को भींगाना। कितनी समानता है हम छात्रों में ठीक हम भी उसी तरह स्नान के दौरान कभी हम उन्हें पानी पडाते तो कभी वो हमें। सूरज की पहली किरण निकलते ही नए सवेरे की जुनून समाए

आज कुछ नया करने की भावना लेकर पंखें फैलाती हुई आसमान में अपने दिनचर्या के अनुरूप ठीक छात्रों की तरह अपने मन की कल्पनाओं को समेटते हुए बहुत दूर तक उड़ जाने को करती है।

हम छात्रों की छोटी-छोटी कल्पनाएं उन पक्षिओं की तरह फुदकने की, हौसले से उड़ने की स्वछंद हवा में घूमने की। सचमुच नए विद्यालय जाने वाले छात्रों का दुख पक्षियों के नए घोंसले वाली वेदना से कम नहीं है। शायद हम छात्र उन छोटी पक्षियों की तरह हैं जिन्हें अपने कद से नहीं हिम्मत, हौसले और उड़ान के अनुरूप आंकना उचित है।

18

मेरे प्यारे जूनियर्स

घटनाओं के घटित होने की प्रक्रिया इतनी मंद है कि पता नहीं चल रहा, उनमें सबसे खास तुम मुसाफिर हो जिसने अभी-अभी अपनी यात्रा छात्रावास में शुरू की है। शायद तुमसे ज्यादा भाग्यशाली और कोई नहीं क्योंकि तुम्हें उन शिक्षकों का सान्निध्य मिलने वाला है, जो हमारे बीच रहते हुए बहुत पारंगत हो गए है, कि तुम्हारी खुशी किसमे है।

शायद तुम्हें इस बात का अंदाजा होगा कि हमें सीखाने से पहले हमारे शिक्षक को खुद सीखना, पढ़ना और समझना पड़ता है। मुझे यकीन है कि तुम सबसे प्यारी जगह आए हुए हो, क्योंकि मैने खुद महसूस किया है कि मेरे बोले बिना ही मेरी आँखों से तेरी तबियत खराब है कहते हुए, भगवान तुम्हें मिलेंगे।

मुझे यकीन है तुम जरूर निडर हो जाओगे.......

तुम्हारे सीनियर की चर्चा तो मैं नहीं कर सकता क्यूँकि मैनें महसूस किया है कि सीनियर थोड़े ईर्ष्यालू होते हैं, किन्तु तुम उनकी हल्की बहुत मदद कर देना क्योंकि तुम्हारे आने के लिए, तुम्हारे रहने के लिए तुमसे पहले किसी सीनियर ने बहुत योगदान दिया है। तुम्हें अंदाजा नहीं होगा कि तुम जिस नल को खोलकर झट से पानी निकाल अपनी जरूरत पूरी कर लेते हो, वहीं कभी हम लोगों ने नलकूप चलाकर नहाया भी है, शायद तुम उस समय होते तो तुम्हें वहाँ के आपसी मेल के बारे में पता चलता, क्योंकि ये वो समय था जब एक लड़का नलकूप चलाता था और एक

नहाता था। इस घनिष्ठता को देखकर तुम्हें अंदाजा लग जाता कि स्कूल कितना प्यारा है। तुम आज झट से अपने माता-पिता से बात करने में समर्थ होंगे, लेकिन हमने नेटवर्क जैसी समस्या और अंकल के पीछे घूम-घूम कर, बहुत पापड़ बेले हैं। तब कहीं बात हो पाती थी।

आशा है तुम्हें ना झेलना पड़े, किन्तु उतना ही उपभोग करना जितनी आवश्यकता है, तुम उसे यूँ ही बर्बाद मत करना, एक बार सोचो हमने तुम्हें एक बंजर भूमि से उपजाऊ भूमि बनाकर दी है किन्तु आशा है तुम आने वाले जूनियर्स को भी उसी तरह लौटाओगे।

हमने बहुत बार खड़े होकर लड़ाई की है तब जाके तुम्हें एक सुकून की जिन्दगी मिल पाई है। वो लड़ाई हमने खुद के हक के लिए आवेदन देकर की है और झगड़ा कर के की है। तुम मजे से आज सारी विषय पढ़ पाते होंगे, मुझे याद हैं जब मैं वहाँ था शिक्षकों की कमी हमें अत्यंत खलती थी। आर्ट्स विषय में केवल एक शिक्षक थे, किन्तु आज ऐसा नहीं होगा। आशा है, तुम जमकर पढ़ते होंगे, उनका उपभोग करते होंगे, क्योंकि हमने अत्यंत कष्ट से विषयों की जानकारी ली है।

तुम्हें मजा आता होगा ना खेलने में, हाँ खेलना तो सबको पसंद है, किन्तु तुम्हें अंदाजा है जिस फील्ड पर तुम बड़े गर्व से खेलते हो, उस फील्ड के लिए हमारे प्रधानाध्यापक ने कितनी यातनाएँ झेली हैं, ग्रामीणों की बात सुनी है। शायद तुम्हें अंदाजा नहीं हो।

क्योंकि तुम सुख समय में स्कूल आए हो।

"वैसे भी सुख का आनंद वो झेलते है, जिन्होंने दुख का सामना नहीं किया।"

बस इतना ही कहूँगा तुमसे जो तुम्हें मिला है उसे आनंद से उपभोग करो किन्तु उसमें कुछ और सुख भर दो ताकि तुम्हारे बाद आने वाले, दुखों का सामना कर ही ना सके।

"छात्र की पहचान ही है कि वो सरल होता है, किन्तु जीतना सरल चेहरे से दिखता है, उतना सरल उसका जीवन नहीं होता।"

तुम एक अच्छे छात्र, अच्छे जूनियर और फिर बाद में अच्छे सीनियर साबित होना। एक शोर की खामोशी के साथ।

19

वहाँ की सामाजिक परिवेश

बांग्ला और संथाली ज़बान का सम्मिलित रूप वहाँ की वादीयों में स्वर्ग भर देने का कार्य कर रही थी। दोनों माताएँ वहाँ के परिवेश में चार चाँद जड़ रही थी। हमारे स्कूल के आस-पास की ये मातृ भाषा थी। लेकिन हम बच्चे तो अलग-अलग परिवेश से आए थे। कोई नागपूरी, कोई मैथली, कोई भोजपूरी, कोई हिन्दी, कोई संथाली, कोई उर्दू और कोई बांग्ला भाषी था। सब के बोलने के सलिके से कहीं ना कहीं ये पता चल जाता था कि इनकी मातृभाषा क्या है।

स्वर्गानुरूप वहाँ की प्रकृति, मानों सब को समेट कर एक छात्रावास का निर्माण कर रही थी। वहाँ के आस-पास के ग्रामीण बांग्ला भाषी थे और कुछ ग्रामीण संथाली भाषी थे। हमसे मिलने-जुलने के लिए वो टूटी-फूटी हिन्दी इतनी तेजी में बोलते थे कि हमें उत्तर सिर्फ सर हिलाकर देना पड़ता था। कुछ तो ऐसे थे जो हम लोगों से बात करने के लिए हल्की-फुल्की हिन्दी हमसे सिखना चाहते थे।

संथाल लोग बहुत सीधे होते हैं, अपने कामों से काम रखते है ठीक उसी तरह वहाँ के बगल के संथाल भी थे। प्रकृति प्रेम तो मानों नसों से शिराओं तक दौड़ रहा था। आज दुनिया भले चाँद की सैर ही क्यों ना का ले। मगर वो आज भी उसी अनुरूप जीवन यापन करने में सक्षम हैं, नदियों में

सामुहिक रूप से मछलियाँ पकड़ते है, सब फिर आपस में बाँटते है, आज भी लुंगी और पंछी उनका पहनावा है। वो आज भी पत्तों का मुकुट पहनते है गले में फूलों की माला लटकाकर ढ़ोलक बजाकर सबको आनंदित करते रहते हैं।

"हम जितने ही काले हो किंतु दिल बहुत साफ होता है, उनका हर पर्व प्रकृति से जुड़ा होता है, सचमुच वो प्रकृति प्रेमी हैं। अपने कामों को अंजाम देना उन्हें अच्छी तरह आता है, मैने देखा है वो बेर को सुखाकर सालों तक खाते है, खजूर का गुड़, बनाना सारी मिठास खुद में समाहित कर लेने जैसा है। पेड़ों की पत्तियां सुखाकर मच्छर भगाने का नुसखा उन्हें मालूम हैं, भोज के पत्तल को वो खुद अपने हाथों से बनाते हैं, जो भारत के बहुत सारे जगहों में उपयोग किये जाते हैं।

वहीं अपनी सभ्यताओं पर खरा उतरने वाला बांग्ला समाज आज भी दिपावली को काली पूजा के रूप में मनाते हैं, जिस तरह उनकी मीठी भाषा उसी अनुरूप उनकी मासूमियत भी है। वो भगवान में अच्छी श्रद्धा रखते हैं। उनका योगदान हमारे स्कूल के प्रति ज्यादा है, वो हमेशा हमारी मदद करने में तत्पर्य थे। चाहे स्कूल के नीजी काम जैसे खाना बनाना, बर्तन धोना, कपड़े धोने इत्यादि। माँ के अनुरूप हर मार्ग में हमारी मदद करने के लिए उतरने वाले समाज के रूप में विद्यमान थे।

डसी परिवेश में कुछ समय सींचा गया हूँ इसलिए वहाँ के कुछ गुण मुझमें समाविष्ट हो गई है, जैसे मैं कभी बांग्ला भाषी रहा नहीं हूँ किंतु थोड़ी-बहुत, टूटी-फूटी बांग्ला बोल लेता हूँ। जो वहाँ की विरासत से जिहवा पर आई है। मैं अपने आप को भाग्यशाली भी समझता हूँ।

आप तमाम लोग जो छात्रवास की यात्रा के दरमियां आए, मैं आपका आभारी हूँ। शायद आप सब के बिना छात्रावास की कल्पना करना कठिन होता। "आप हमारे कहानी के पात्र हैं आप हमारी यात्रा के हिस्सा हैं।"

20

हॉस्टल और लॉज

हॉस्टल वो जगह है जहाँ हम किसी के सान्निध्य में रहकर अपने आप को विकसित करते हैं। लॉज ऐसी जगह है जहाँ स्वयं खुद के मन मस्तिष्क से खुद का विकास करना पड़ता है। लेकिन हॉस्टल और लॉज में बहुत फर्क है। बस इतना फर्क है किसी के अन्दर और स्वयं अकेला। किसी के अन्दर के अन्तरगर्ऍ। वो सारी प्रक्रिया समाविष्ट हो जाती है जिसमें बंधन की सारी प्रक्रियाएँ आती है, जिसमें बिहुत सारे नियम कानून आते हैं।

स्वयं अकेले के अंतर्गत वो सारी मस्तीयाँ आती है, जो हॉस्टल के अन्दर नहीं समा सकती। यहाँ अपना मन होता है किसी के अन्दी रहकर अपने काम को अंजाम नहीं देना होता, किंतु यहाँ खुद में खुद को बनाना पड़ता है, स्वछन्द मस्तिष्क भी एक उम्र तक अच्छी नहीं रहती। जब तक हम खुद ना समझ जाते हैं कि हमारा मकसद क्या है हम क्या करना चाहते हैं तब तक हम मानते है कि लॉज वाली जिंदगी बहतर हैं। एक उम्र तक हॉस्टल वाली जिंदगी भी अच्छी होती है, वहाँ हमारा मकसद खुलता है कि हमे क्या करना चाहिए। इस काम को करने से क्या अंजाम हो सकता है। हॉस्टल हमें प्रोत्साहित करता है कि हम खुद को सक्षम कैसे बना सकते है और नाना प्रकार की तरकीबों से हमें पढ़ाई की ओर खींचता है। कभी बच्चे बच्चों को पढ़ता देखकर भी पढ़ना चाहता है। बच्चे दूसरों का देख कर भी सीखते हैं वहीं लॉज में इन सब चीजों से विहीन रहना पड़ता

है। लॉज हमें हमेशा 'कमपरमाइज' करना ही सीखाता है, किन्तु हॉस्टल में इस तरह की कोई बात नहीं होती। ''अगर इंसान हमेशा कमपरमाइज ही करेगा तो जीवन कैसे जियेगा, जीवन को परिपूर्ण तरिके से जीने के लिए कमपरमाइज शब्द हटाना होगा'' आज के लोग कमपरमरइज वाली जिंदगी जी रहें हैं, और खुद को पूर्ण तरिके से जिन्दगी जीना बताते हैं। लॉज और हॉस्टल में बहुत सारी प्रशंसा और खामिया समाविष्ट हो गई हैं। किंतु मैं दोनों को ही उत्तम मानता हूँ क्योंकि इतिहास गवाह है दीपक की रौशनी और रोड पर लगे लाइट के प्रकाश ने जमीन से आसमान तक का सफर तय किया है।

लालटेन के उस तेल ने चन्द्रमा तक का सफर तय करते हुए खुद को मिसाइल मैन की संज्ञा तक दी है।

इसलिए हम जहाँ है जिस जगह भी है, वो हमारे लिए उत्तम है बस वो हमारे तपोबल से ही संभव है। हमारी सोच, हमारी मानसिकता सिर्फ साफ होनी चाहिए। हम कहीं भी हो बस हमारा कार्य निरंतर होते रहे।

हमें हमारी मकसद का ज्ञान हो। सफलता स्वयं मुकुट लिए विराजमान रहेगी।

21

मैं अच्छा सीनियर क्यों नहीं ?

''बहुत से लोग हमारे जीवन में बसंत की लालीमा लेकर आते हैं और बरसात की बूँदें समेटकर चले जाते हैं।''

हमारे बड़े हमारे सीनियर उस बरसात को हमसे पहले झेल चुके होते हैं, तब वो बसंत के पड़ाव में पहुँच पाते हैं, फिर बरसात की बहती पानी के साथ ओझल हो जाते हैं।

तथा कथित बड़े होते ही हैं समझाने के लिए, डाँटने के लिए मारने के लिए किन्तु हम इतने बड़े थोड़ी हो जाते हैं कि उन पर रौब ही जमाने लग जाए।

एक अच्छे बड़पप्पन के साथ हम बड़े होते हैं किंतु जहाँ से हमारा स्वार्थ, हमारी आवश्यकताएँ शुरू हो जाती है हमारी इज्जत कम होने लगती है। यकीन मानीये जिस दिन आपकी इज्जत कम होने लग जाए आप बड़े कहलाने लायक नहीं रह जाते। कहीं-कहीं छोटे का स्वार्थ भी छुपा होता है, तो हम उन्हें बता देना चाहते हैं कि भरत, श्री राम जी के छोटे भाई थे, अगर उनका स्वार्थ कहीं होता तो आयोध्या नगरी की राजगद्दी वो स्वयं संभालने, इतिहास गवाह है कि भरत जी गरूड़ के अवतार थे, उनमें भी योग्यताएँ थी राजा बनने कि किंतु एक सम्मान था अपने बड़े भाई के लिए, जो वो बरकरार रखना चाहते थे।

रोटी दोनों ही हाथों के तालमेल से बनती है, इज्जत भी वही चीज है आप दे तो आपको भी मिलेगी। आप नहीं देंगे तो आप सर पटक के मर जाए आपको भी नहीं मिलेगी। हम अपने छोटे को इज्जत देने से छोटे नहीं हो जाएँगे, आप बड़े से बतमीज़ी करने से बड़े कभी नहीं हो पाएँगे।

मैं एक अच्छा सीनियर इसलिए नहीं क्योंकि मैंने छोटे के दिल से बड़े की इज्जत के विषय पर कभी चर्चा नहीं कर पाया। सच कहूँ तो पन्नों में लिख देने से ज्यादा कठिन हैं आमने-सामने का समझना।

''समझा के समझाने तक कि कहानी वर्ष का समय माँगती हैं।''

22

एक समय बोलता है

एक समय बोल देने से इस बात का ज्ञात नहीं होता कि वो समय अच्छा था या बुरा। मगर वो समय जरूर खास था। उस समय कुछ तो ऐसी घटनाएँ हुई थी जो उस वक्त को खास बना रहीं थी।

मैं स्वयं को अकेला देखते हुए, उस समय के भीड़ की चर्चा कर रहा हूँ।

कुछ ऐसे चीज होते हैं जिसकी परिभाषा देना कठिन हैं, वैसे भी महसूस की जाने वाले चीज की परिभाषा महसूस करके ही बताई जा सकती है। कागज और कलम में इतनी शक्ति नहीं कि वो बता दें।

इस खूरदूरे जबान से ना जाने कितनी ही अच्छी और बूरी बातों ने अमरत्व प्राप्त किया है। वैसे भी मुख से निकले शब्द कौन वापस ले सकता है, हर शब्द जो रोजमर्रा की जिंदगी में ज़बान से निकल जाती है अमरत्व ही तो है।

कुछ ऐसे लोग हैं जिनके लिए मेरी ज़बान ने कड़वाहट ही उगली है। उनसे माफी के लिए शब्द नहीं किंतु मैं उस गलती के लिए आज भी निर्दोष हूँ। उन नामों की चर्चा मैं नहीं कर सकता, क्योंकि सम्पूर्ण छात्रावास में वो एक ऐसे शक्स हैं जिनसे मैंने ना ही उतनी बात की है ना उन्हें जान पाया हूँ।

छात्रावास के किरदार में वो सबसे मेधावी और शान्त रहे हैं। शायद इसलिये भी मैं खुद को थोड़ा कम ही मानता हूँ क्योंकि जब हम किसी से मिलते हैं तो विचारों का आदान प्रदान होता है। इन कुछ कारणों की

वजह से मैं कभी खुद को पूर्ण नहीं समझ पाया।

वे एक अच्छे विचारक थे, शायद उनसे बात होती तो उनके विचार मुझमें आते मैं थोड़ा-बहुत पूर्ण की कागार पर तो होता।

बात नहीं कर पाना मेरे लिये वैसा ही है जैसे कष्टदायी फोड़ा जो जिंदगी की आखरी दिन तक कष्टदायी ही रहेगी। मैंने पहले ही कहा जो दर्द है, उसे सिर्फ मैं महसूस कर सकता हूँ। उस दर्द की ना ताक कोई भाषा है, ना परिभाषा किन्तु वो दर्द सिर्फ मेरे अन्दर ही है।

डनका सामना मेरे परिक्षा के सीट के पीछे से लेकर हर जगह होता रहा, किन्तु इस जबान ने गुस्ताखी नहीं की दो टूक बात करने की।

वो समय बीत चुका, समय रहते हुए उस चीज का हो जाना बहुत जरूरी था किन्तु पता नहीं था समय के बीत जाने का दर्द, समय के आने तक रहता है।

23

छात्रावास के मुसाफिर

अब मैं वहाँ का ऐसा मुसाफिर हूँ कि आँखें मूँद के भी हर मोड़ को यादों से नज़र में ला सकता हूँ। प्रवेश करते ही बच्चों की चहचाहट मुझे उन दिनों की यात्रा में ले जाएँगी जिसका सफर मैं तय कर चूका हूँ।

ये आँखें दुख के सैलाबों से, आज भी सुख वाली आभाओं को इधर-उधर ढूँढेंगी। कहीं मैस से उन बच्चों की मेन्यू आधी-आधी, सम्पूर्ण थाली को पूर्ण कर देगी।

छात्रावास एक ऐसी जगह जहाँ सब लोग एक यात्री बनकर आते हैं। ये यात्री की अवधी कुछ सालों तक की ही होती है लेकिन इसी काल में बहुत कुछ सीखते हैं। यात्रा के इस पड़ाव में क्लास भी बदलती है, सोने का जगह बदलता है, दोस्त बदलते हैं। हम खुद धीरे-धीरे बदलते हैं।

न्हीं बदलती है तो बस लिछले से अगले क्लास आने वाली खुशी, मैस के खाने से शिकायत, सर-मैम का समझाना।

सफर हमेशा आनंदमय ही होता है, किंतु सफर को तय करने आए हमारे साथ के मुसाफिर भी एक अहम भूमिका निभाते हैं जिससे सफर और दिलचस्प बन जाता है। दिलचस्प किरदार यादों से ओझल नहीं हो सकते।

वैसे भी आँखों ने उन किरदारों को अमर का दर्जा ही दिया है, नज़र में कभी आ जाए तो मट से उन्हें पहचान सकते हैं। ऐसा यात्री जो कायदे और कानून के दायरे में सफर तय करता है शायद उसे छात्रावास का

मुसाफिर कहते होंगे।

अनन्त विस्तार वाले इस ब्रहमांड में जहाँ दो कोस दूर भाषा बदलने लगती है वहाँ एक ही भाषा सबके द्वारा तय कर सकना छात्रावास में ही संभव है। हम बटोही उन परिस्थियों को हँसी-हँसी काट लेते हैं जहाँ से जिंदगी कष्टदायी होने लगती है। क्योंकि छात्रावास की यात्रा एक कष्टदायी सफर है जिसे तय करपाना समान्य नहीं है।

''उतार-चढ़ाव को ज्वार और भाटा कहते होंगे कहने वाले जिंदगी जीने के ज्वार-भाटा को छात्रावास कहते हैं।''

विरह में शायद आप कहीं का उदाहरण दो किंतु मैं उस छात्र की विरह वेदना बतलाऊँगा, जब माँ अश्वासन देकर चली जाती है, और अश्वासन पूर्ण नहीं करती तो बच्चे का दिल कितना टूटता होगा। टूटे दिल के साथ ही आँखों की प्रतिक्षा सुबह से रात तक जारी रहती है कि तब नहीं अब तो आ जाए। उनकी प्रतीक्षा संसार के इतिहास ने महसूस नहीं कि, शायद संसार की सबसे बड़ी प्रतिक्षा, मैं छात्रावास के मासूम बच्चों की प्रतिक्षा को मानता हूँ।

दुख को प्रेम में कैसे बदल दिया जाता है? किसी किताब ने हमें नहीं पढ़ाया हमने स्वयं देखा महसूस किया है।

अतयन्त प्रतीक्षा के उपरान्त माँ का आना और दुख को प्रेम में तब्दील करके तपाक से गले लगते हुए, सारे बैर भूला देना, छात्रावास के मुसाफिरों को बहुत अच्छे से आता है।

''तमाम बैर के बीच प्रेम उमड़ जाए, उसे छात्रावास कहते हैं''

बहुत सिकायत, तमाम लगजिशें होती हैं फिर भी मन में प्रेम आ जाती है और सब लगजिशें भूल, माँ को गले लगाकर फिर मिलने की अश्वासन देते हुए, सबसे गरीब प्रेम की परिभाषा को अमीर प्रेम में तब्दील कर दिया जाता है। यकीन मानिये छात्रावास के बच्चे प्रेम के अत्यंत भूखे होते हैं।

''आप उस दिन सबसे गरीब पिता हो जाते हैं जब आपके बच्चे रोते हुए कहते हैं, अगले रविवार आईयेगा पापा।''

संसार का सबसे कठिन समय छात्रावास के दिनों का क्यों ना हो, वहाँ के मुसाफिर अपने छात्रावास को तमाम उम्र याद याद करते हैं। शायद ही हो

जो ये कहे की छात्रावास की हर चीज वो भूल चुका है।

मेरा मानना है छात्रावास की तमाम चीज जो farewell के साथ समाप्त हो जाती है शायद वही farewell आने वाली अगली मिलन की पहली शुरूआत होने का प्रमाण हमे देती है।

24

जोश, जुनून

बिछड़कर निकले हम तुमसे ही, हमने सीखा है तुमसे कुछ। मिलना आखिर दूर है साथी, मिलना आखिर दूर है साथी।

चलो पथ ही पथ अभी मंजिल दूर बहुत है। पाँव में काँटें होंगे तब ही, फूलों वाली स्याही होगी। छोड़ो इतना मन हरसाना, छोड़ो इतना दिल दहलाना। मंजिल मिलेगी बात करेंगे, भूलो मत हम याद करेंगे। दिल को संदूकों में रखकर, हम ठोकर खाएँगे। तुम मन मत छोटा करना, हम याद बहुत ही आएँगे। किंतु मन को जीत मत देना, मेहनत ही है तेरा गहना। पाषाण हृदय देना। आगे मंजिल खड़ी है तेरे, सोता क्यूँ है जाग खड़ा हो। मंजिल दूर नहीं है साथी, मंजिल तेरे पास खड़ी है। बिछड़कर

मिलेगी मेहनत वर्षों वाली, गुमसुम तेरे साथ खड़ी है। परिश्रम कर तु मेरे साथी, हौसला तुझपे ही अड़ा है। कुछ देर नहीं अब सुबह का सूरज, रात की रानी सिकुड़ चुकी है। सपना तेरा साकार होगा, जग में तेरा नाम होगा।

उठ कर लेट गया क्या भाई, मंजिल देख यहीं पड़ी है। किताब उठा, कुछ देर पढ़ले, सोने को जीवन पड़ा है। रात आखिर ढल चुकी है, सुबह का सूरज निकल पड़ा है।

25

बचपन मरता नहीं मार दिया जाता है

क्या तुम्हें पता नहीं, उन नन्हें बच्चों की खुशी के बारे में ? क्या तुम्हें उनके दिमाग का गणित नहीं पता? क्या तुम्हें उनका कोमल परॉं सा स्पर्श नहीं पता ? तुम्हें उनकी तुतली हिन्दी का कोई ज्ञान नहीं। रूई से पाषाण होने का, क्या विज्ञान नहीं पता? छात्रावास के रोते मासुम बच्चे का, रात नहीं पता। सुंदर गीत के पीछे के दर्द का आभास नहीं पता। चाँद की तरह डूबते बच्चों का शुरूआत नहीं पता। क्या तुम्हें बच्चों की परिभाषा का पता नहीं? पढ़ के देखना कभी, सपने में ही बुद-बुदाने लगते है।

माँ से दूर, नींद की बौखलाहट का पता नहीं।

क्या तुम जानते हो

छात्रावास के कायदे कानून

सुबह से ही मैप की तरह उलझा लकीर

डडास चाँद की तरह ढ़लता शाम।

म्न की गाँठ खोलकर, पूछना कि जाते वक़्त क्यूँ रोते हो

थ्पंजरे की आदत से अब क्यूँ रोते हो।

बोलेगा,

माँ-बाप की ममता से दूर चले गए।
गोदी की उम्र में स्कूल चले गए।
कौन करेगा मासुमियत की कद्र।
खेलने की उम्र से बहुत दूर चले गए।

26

बचपन बचाएँ

कभी हिन्दी के कलियों में कभी ऊर्दू की कलियों में।

यहीं है छूटता बचपन छात्रावास की गलियों में।

बड़ी शिद्दत से माँ ने, दाल मोट और चूड़ा भेजा है। चलों आएँ-खाएँ सब, दुखों के ही पहेलियों में।

जहाँ दिखती है माँ लोरी गाती हुई, परियों में।

वहीं खोता है ये बचपन छात्रावास की गलियों में।

उसे मिलती नहीं है प्यार किसी टीचर के डंडों में।

चलों आओं बचाएँ बचपन, इन्हीं पौधों की कलियों में।

27

बचपन मरते देखा

हमने अपनी आँख के आगे, बचपन मरते देखा है।
कपड़े भी ना ठीक से धुलते, ऐसा बचपन देखा हैं।
हमने पढ़ने की खातिर ही, माँ के हृदय को पाषाण करते देखा
कलाई तुझको बहन के खातिर सूना-सूना देखा है।
हमने छात्रावास के नन्हें बच्चों में बचपन मरते देखा है।

28

कामयाबी

घर के अंधेरे से, दीपक को निकालना पड़ता है
किताबें खोल के, शरारों की तरह जलना पड़ता है।
घर की उम्मीद आती है, उन्हीं पैसों के साथ।
जैसे आटे को रोटी बनने के लिए तनना पड़ता है।

खाने के महीने तक पैसे नहीं पुरते, भोजन को खिचड़ी में बदलना पड़ता है।
माँ की ममता, पिता के बोछ घर छूटते नहीं, निकलना पड़ता है।
कर्म को धर्म मान, मशाल लेके चलना पड़ता है।
ख्वाब में परियाँ नहीं आती, गणित के सवाल में बदलना पड़ता है।

गाँव के पेड़-पौधों के बीच आजाद थे, शहर के कमरे में पढ़ना पड़ता है।
इन लड़ाई झगड़ों में बहुत फेर हैं, तारीख के साथ वर्ष भी याद करना पड़ता है।

पहले रोते थे बहुत, अबकी आँसू कम गिरे।
कामयाबी के लिए क्या, क्या नहीं करना पड़ता है।